LOCUS

LOCUS

LOCUS

LOCUS

catch

catch your eyes；catch your heart；catch your mind……

catch 280

你值得擁有一切你想要的

作　　　者	陳勢安
責 任 編 輯	江文萱
協 力 編 輯	尹柏蓉
美 術 設 計	許慈力
攝　　　影	Fatty（Yukanna_Space）／人像
	陳勢安 Andrew Tan ／街拍
化　　　妝	李昀熹 이균희
髮　　　型	Sean Yu（UNDER hair）
造　　　型	杜秉駿 Jason Tu
特 別 感 謝	RC hair salon、淡水漁文影像館

出　版　者　　大塊文化出版股份有限公司
　　　　　　　105022 台北市松山區南京東路四段 25 號 11 樓
　　　　　　　www.locuspublishing.com
　　　　　　　locus@locuspublishing.com
服 務 專 線　　0800-006-689
電　　　話　　02-87123898
傳　　　眞　　02-87123897
郵政劃撥帳號　18955675
戶　　　名　　大塊文化出版股份有限公司
法 律 顧 問　　董安丹律師、顧慕堯律師
　　　　　　　版權所有 侵權必究

總 經 銷　　　大和書報圖書股份有限公司
　　　　　　　新北市新莊區五工五路 2 號
電　　　話　　02-89902588
傳　　　眞　　02-22901658

初 版 一 刷　　2022 年 6 月
定　　　價　　480 元
I　S　B　N　978-626-7118-47-4

你 值 得
擁有　一切
你 想 要 的

You Deserve Everything
You Set Your Heart Upon

Andrew Tan

陳 勢 安　著

目 錄

Chapter I

那些年爲了追夢被打趴的鳥事

Chapter II

因為愛情，
我死了幾百次

—

Chapter III

人與人之間的
愛恨情仇

作 者 序

陳勢安

出道十年是一個小小的里程碑，這是我的第一本文字圖文書，非常期待與大家分享我的故事以及攝影作品。

我一個人離開馬來西亞到台北，那些面對挫折的日子，不少歌迷或是我身邊的好朋友都好奇我是怎麼堅持過來？哪來的勇氣跟力量支撐著我？的確這一路走來沒有想像中的容易，其中當然有開心的事，也有挫折或質疑，但關鍵都在於自己的選擇。

小時候我如果有想要的東西，家中給我的教育是必須靠自己的能力去獲得，在這樣的成長環境讓我清楚知道，人生必須靠自己努力，因此也養成我面對困難或問題的時候，第一個想到的是解決，而不是逃避。

忘了何時開始，在生活裡我也常常扮演著大家的心靈導師，不管是工作或感情上的問題朋友都習慣找我，而我也會盡可能地去協助大家釐清問題面對困難，我也常收到歌迷的私訊或是信件，有人對未來覺得徬徨、感情不順利或心情低落，希望我能給一些建議及幫助，很開心因為歌手的身份我能成為聆聽者，同時也能陪伴大家一起面對問題，這也就是為什麼能把情歌詮釋得這麼好的原因！

你的那些鳥事我都遭遇過，我也曾走進與你相同的難過憂鬱中，每個人的故事都是特別的，現在希望藉由我的故事，能讓你獲得一些勇

氣。成長的過程不在於我們經歷了什麼，而是要學會相信自己，並且把它變成養分成就更好的自己。

你是從哪裡認識我的呢？是《雙子星》寫真書？〈天后〉這首歌？還是《全明星運動會》？不管你對我的印象如何，希望藉由這本書能讓你聆聽自己內心的聲音，也請你做好準備跟我一起改變人生，因為你值得擁有一切你想要的。

推 薦 序

錢薇娟

當你聽到陳勢安的名字，第一個浮現在腦海的會是什麼呢？是紅遍華人地區的〈天后〉？或是斯文帥氣的外表？還是他穿透人心的歌聲呢？以上這些特質，我想都是一般人對勢安的印象吧！在《全明星運動會》認識他後，天吶！這反差也太大了吧！在他斯文的外表下，有一身結實的肌肉，原來是拜鐵人三項運動所賜，讓我認識了不一樣的他。鐵人三項是一項集結各種能力的運動，除了身體能力要好之外，心理素質必須夠強大，才能通過嚴苛的考驗！

在《全明星運動會》裡，每個人都必須在短時間內學習各種不同的運動項目，有的項目可能很熟悉，也有的項目是從來都沒碰過。對勢安來說，很多事情都是從新學習，當他遇到挫折時也會和我討論。讓我印象最深刻的是，有一次練習結束後他來問我：「錢姐，我覺得我很努力了，但還是表現不夠好，我是否要再加倍努力才能夠做的更好？」聽到他的這番話，我覺得他所呈現的態度已經超越很多的專業運動員！就如同我常在場上喊著「不要休息！」的精神，其實運動員就是透過一次次不斷的練習來磨練自己，進而成就自己！而這些流汗、流淚甚至流血的練習過程是不會背叛你的，也許這些累積，不會在運動場上完全回饋，但在人生的某個時間點，你會感受到這些過程的開花結果！

讀過《你值得擁有一切你想要的》這本書後，再回想起與勢安在全明星運動會相處的過程，

我完全可以理解勢安對自己的要求和無懼挑戰的態度是從何而來！從離開家鄉去吉隆坡念大學，休學工作成為彩妝師，一直到當上歌手甚至來台發展後面臨到種種挑戰與磨練，讓他練就了一身好功夫，在不同時期亦獲得不同的體悟。

真心推薦這本書給所有喜歡勢安以及正在面對人生考驗的每個你，讀完這本書，除了你會更認識陳勢安，也希望大家有所獲得，做自己的天后！

本文作者為 T1 聯盟會長／《全明星運動會》藍隊精神領袖

推 薦 序

王心恬

陳勢安。除了天后,你們想到什麼?

說到這裡不能誤會我的意思,原因是陳勢安這三個字,天后這個稱號實在是份量太多,也許正因如此,能認識真正的他對我來說就像拆開驚喜包一樣驚喜,對我來說他像個天后般的好奇寶寶,對任何新鮮事物都很勇於嘗試和挑戰,一旦鎖定就會實踐到底,從馬來西亞獨身來到這裡努力,中間也和他一起遇過挫折,但他總是表現從容的穩定心思,充實自己,和我

們一起玩鐵人，轉移自己的目標，我從未看過他被任何事打敗，但更難得的是他總是能保持心情穩定這件事。

我常覺得當他的粉絲是幸福的，因為他總是發自內心的散發正能量，也真心的用溫柔堅定語氣關心周圍的好友們。

謝謝我最正能量的好友。勢安

本文作者為時尚名模／作家／ NAMUA 創辦人

Chapter

I

那些年爲了追夢

被打趴的鳥事

LEICA Q | 28mm | 1/1250 sec |
f/1.8 | IOS 100

01

你可以擁有一切你想要的，
但你必須先從泥沼中爬出來。

若問及初識時對我的印象，許多人會覺得是個
有點距離、又帶點高冷氣質，但經過長時間相
處後，發現竟是個心思意外細膩，待人溫暖有
禮而且善於條理分析的人，實在有別於大眾眼
中，在台上深情揮灑唱著〈天后〉的陳勢安。

「你怎麼跟我想的不一樣？」時常聽到有人對
我說這句話。這不禁讓我思考著，在大家的眼

中，我是個怎樣的人？來台北這十多年的經歷，著實讓我有了改變，我更喜歡將這樣的改變稱之為成長，意味著我很喜歡現在的自己。

在生活中我總能從別人微小的表情或動作發現他正在尋求幫助，可以適時給予鼓勵、表達關心。我可以當最好的戰友跟大家並肩作戰解決問題；我也會跟朋友吵架，但我口不出惡言不表示我很軟弱，只有堅強的人才能冷靜梳理情緒化的死結，開始慢慢地清楚自己的樣子。

人生沒有瞬間的成功，伴隨而來的是許多無法預料的事情，若無法從泥沼中爬出，將會不斷沉淪，甚至自怨自艾忘了自己是誰。我一開始也是如此，經常自我否定，糾結在不開心的人事物。這個世界太吵雜，每個人給的意見都不一樣，而我卻全部照單全收，想要面面俱到，因此憂鬱症悄悄找上我。還好我沒有遺棄我自己，開始學習如何跟自己對話並且尋找方法。

既然知道什麼是憂鬱症，便可以反向操作，學習避開那些不開心的人事物，後來更懂得從各種角度看待事情，用刪減法將自己的情緒跳脫於難解的人事物；唯有重新整理觀看事情的角度，想法才會跟著改變，可能會不斷的拾獲新的興趣、學習新的專業，甚至創造新的樣貌。

很感恩所遇到的一切好的、不好的、或是莫名的人事物，因為只有正面面對這些難題，才能深刻感知到，什麼是對的、壞的，什麼是我想做的、我不想碰觸的，還有什麼是我能給予幫助的。不再無所適從，穩定保有自我中心思想，就算別人不欣賞我，那也是別人的問題，我知道自己好在哪裡，不隨波逐流。人生就是不斷的選擇，無論是要活得精彩、活得醜陋，全都是自己的選擇。但一定要抬頭挺胸舉起腳才有機會向前，與其畫地自限不如勇於走往未來，別成為阻止自己前進的絆腳石。

Canon EOS 5D
Mark IV
50mm
1/800 sec
f/2.8
IOS 100

02

我覺得人生一定要有目標，
但安穩過日子
不就是一個目標了嗎？

對於身邊許多好朋友而言，我經常扮演著心靈導師的角色，如果遇到一些生活上的困擾問題，都會特別想來問問我的看法。曾經就有人問我：「人生一定要有目標嗎？我只想安穩過日子不行嗎？」

還記得當時我的回答是：「我覺得人生一定要有目標，但安穩過日子不就是一個目標了

嗎？」會這樣回答是因為，對我來說，每一個人對於目標設定都有不同的標準，而且目標通常都不會只有一個，而是會隨著你的經歷、你的成長、甚至是時間不停的進行修正，所以安穩過日子也的確是一項人生目標啊！

前往目標之路是一段過程，而且永遠都不會有時效性，但是大家通常習慣把目標當作是一個結局、一個結果，除非遇到像是考試或比賽才需要在時間內完成，不然人生目標其實是沒有時效的；因為當達到設定的目標之後，自然就會再產生下一個。舉個例來說，如果我將目標設定為賺到人生第一桶金，當我真的努力達標之後，其實不自覺的會想再賺到第二桶金，甚至是第三、第四桶金！這就是我所說的，沒有時效性的過程。

目標是不斷的持續進行，因為當你走到這一站時，雖然可能只是小小的一站，但只要一直往

前進，自然就會再進行到下一站。

與其說人生一定要有目標嗎？我反而更想問，對於人生，你的想像畫面是什麼？就我自己而言，在中學時期很想要擁有自由，當時默默想像著未來我的人生可以自由的生活、自由的掌控時間與節奏！

之所以會這樣想，是因為從小家裡管得很嚴，我一直是很乖巧的學生，上下學都一定是家長專車接送，始終很羨慕別人可以跟同學邊打鬧邊上下課的生活。家裡也不會有任天堂遊戲機、樂高這類遊戲與玩具，每天都是念書、念書再念書，除了參考書之外，還要再加上爸爸出的練習本功課，練習本的本數通常都比參考書還要來得多！就連夏令營參加的都是關於心理學或心靈課的活動，父母所有的安排，都是為了讓我能夠成為個性穩定不學壞、中規中矩的人。

雖然我家是非常重視生活規律與條理的傳統家庭，但親子關係並不會因此緊繃，反而擁有很緊密的相處生活，家中主要的休閒娛樂，就是團聚在一起開心唱卡拉 OK、看劇。因此即使我現在都在台北工作與生活，每年也一定會回馬來西亞陪家人過年。

在如此規律的環境成長，讓我對自由有很多想像，但是我沒有經歷過什麼叛逆期，當我十八歲萌生想要離開家裡轉而投向自由的念頭時，認為最能夠達成自由的方式，就是從檳城去吉隆坡念大學。而這便成為我最初的人生目標，當然我也達標了，在吉隆坡求學時享受了自由生活，甚至因緣際會開啓了彩妝師工作。

iPhone XS Max | 4.25 mm |
1/121 sec | f/1.8 | IOS 50

03

我選擇我喜歡的路，
過程可能不一定順遂，
但既然決定了，就要勇敢面對。

雖然順利前往吉隆坡念大學，但後來因為家庭因素之故暫時休學去工作，不過做的竟是跟所學完全不相關的化妝。其實一開始我真的完全不知道該怎麼化妝，幸好大學學的是動畫，對於立體感、顏色的搭配、影子等這些技巧都很有概念，能把所學發揮在化妝上，再加上自己也很努力的結果下，當時任職的公司很快就將我訓練成正式的彩妝師。

我擅長的化妝特色是替年紀較長的女性們打造出看不出有妝容，卻感覺十分清新的樣貌。以 3D 動畫的基礎，利用提亮、修容及其對光的折射，來調整臉部的不平衡，以大地色系的顏色做彩妝基底，研發了運用光影修容畫出臉部線條，讓妝感自然清新、五官立體。因此慢慢憑藉著這種自然化妝技巧深獲一些貴婦們的喜愛，也會參與 Fashion Show 工作，當時一個月工作不到 10 天，就能夠賺到 20 多萬。很快的，我就擁有了人生的第一桶金，體會到做自己喜歡的事之時，同時也能夠帶來財富。

或許是因為爸爸從小的嚴格訓練，我想買 CD 播放器就必須拿出好成績來換、想要買球鞋，就要自己打工賺錢買，所以我從小就知道若要實踐目標，得一步一步去努力。這時候的我發現，自己其實不想花太多時間在賺錢這件事情上；但並非不想要賺錢，而是認為賺錢工作不該是我的人生全貌，我的人生應該是享受！因

爲我喜歡自由，喜歡做抱持著熱忱的工作，剛好這個工作能讓我享受，還可以讓我賺到錢，如此就不會覺得人生過於苦悶。也就是說，我有刻意將這些目標，與我的能力結合在一起，做的都是我喜歡的事情，所以也比較少感覺到工作上的無力感，反而有更多的精神可以去創造新的工作方向。

隨著彩妝師的工作越來越得心應手之後，我也開始嘗試製作屬於自己品牌的化妝品和護膚品。由於馬來西亞是多元種族文化的國家，時常要面對不同種族的文化差異，時刻都要懂得調整自己，在華人的世界裡更是競爭激烈，因此養成了我面對問題總能快速調整的習慣。

人生就是這麼奇妙，突然有個同學要我陪他參加電視台的歌唱選秀比賽，在這樣的機緣巧合之下，我回想起小時候參加歌唱比賽的情景，在八～十二歲時媽媽經常帶我和妹妹，征戰了

大概兩三百場歌唱比賽。我從小就很喜歡唱歌，歌手這個夢想也曾是我很憧憬的夢想工作之一，所以我不單單只是陪朋友參賽而已，自己也立刻報名了！果然像大家熟悉的電視劇或電影情節都是這樣演的，最後結果是朋友沒得名，而原本身為陪客的我，卻被選上了，還一路過關斬將獲得第二名！

獲選的前三名必須去香港參加《TVB 全球華人新秀歌唱大賽》，這場比賽曾挖掘出許多知名歌手，像是梅艷芳、陳奕迅、許志安、鄭秀文、李玟等，都是因為參加這項比賽得名而順利出道的歌手們。只不過當時的自己並沒有想太多，總覺得自己是以馬來西亞第二名之姿參賽，在這樣激烈的競爭之下應該不會得名，因此一直抱持著平常心的心態參加，甚至空閒時還有精力去旺角逛街！當時真的是太年輕了，根本沒有想太多。

萬萬沒想到的是，有著如此開放心態參與比賽的我，竟然得到了第一名，這真的是我從未想過的結果，也是我人生一大轉折點！結束比賽回到馬來西亞後，許多唱片公司都找上門要跟我簽約，但我沒預料會發生這樣的事，一時之間不知道該如何是好，究竟是要繼續做彩妝師，還是當歌手。畢竟彩妝師的收入不錯，我又正準備要做自己的品牌，但能夠出道當歌手又是很難得的圓夢機會，這決定糾結了我兩個多月。只是我得學會接受將失去我很想要的自由，還有一舉一動的行為將被放大檢視。這是人生的選擇題，我要選擇走我喜歡的路，過程可能不一定順遂，但既然決定了，就要勇敢面對。好！我要當歌手。

Canon EOS R5

123mm

1/2000 sec

f/4.5

IOS 800

04

唯有自己有熱忱的事情才會是你目標的導引，
不是金錢也不是自由，當真心享受在
這件事情時，就會獲得更多的回饋。

隨著年歲漸長，慢慢發現到我的人生目標，是
圍繞在心中是否有熱忱與熱情這個中心思想。
因爲在追求目標時，你會遇到很多沒辦法控制
的情況，能夠掌握在手中的只有眼前的事物。
同時我也體認到老天爺會給你很多很多的禮
物，但當下你可能不會覺得是禮物，還以爲是
毀滅性的爛運氣。

每個人都會以自己的方式去解讀事情,所以往往會因為人的不同而有正面與負面的解讀差異,但我認為重要的不是解讀,反而是在面對這些事情時,你賦予這些事情的反應;也就是,假設有人將負面能量與情緒傾倒在你身上時,若你選擇接收背負,事情自然就會往負面方向進行,可是明明這些事情就跟你無關啊!但如果你選擇不給予反應、不承接這些不需要的事情,你就不會被別的人事物牽制著。這些想法,都是在我決定當歌手之後獲得的體悟。

因為參加歌唱比賽獲得第一名,讓我多了一個當歌手的目標選項,因此我選擇放棄彩妝師的工作,決定實踐成為歌手的夢想。原本以為能就此一帆風順,還可以賺很多錢,誰知道卻是窮得要命!完全過不了以前當彩妝師的高收入生活,曾經因為沒有現金,還得用信用卡刷卡才能吃飯,甚至朋友們因為擔心我而輪流請我吃飯。

即使如此我還是很快樂，因為我做的是我有熱忱的事情，這也是我一直想要表達的，唯有自己有熱忱的事情才會是你目標的導引！可能不是金錢也不是自由，當真心享受在這件事情時，就會獲得更多的回饋，而那個回饋不會顯現在你的環境或是外表，而是在你的內心紮根。

因為與電視台經紀部簽了約，2007 年以唱跳歌手之姿發了首張專輯，一時之間馬來西亞華人圈都認識陳勢安這位歌手。隨後正要籌備第二張專輯時，卻遇到電視台決定裁撤中文經紀部，原因是公司考量華人圈市場太小不賺錢，日後想要專注在馬來人市場。當時的我真的感到晴天霹靂，傷心之餘瞬間也不知道該怎麼辦。後來開始思考若是沒有錢就嘗試找人幫忙，所以我決定自己來做這張專輯。

既然沒錢就用便宜的方式一一克服問題，對我

而言，創意比砸大錢還重要，那時的我還沒有能力去思考專輯規格，就只好一步步往前走。幸好在發行第一張專輯時認識了很多圈內好友與貴人，我嘗試邀請很多音樂人與老師收歌與填詞，當時錄音室卻因為沒錢而無法支付錄音費用，沒想到錄音室老闆竟然說：「沒關係，等你有錢時再給就好！」當時真的讓我好感動、好感謝。

也就是這時候，彭學斌老師寫了一首歌問我喜歡嗎？歌詞就是以前一段愛情故事的樣子，很符合我的樣貌，所以就從這逐漸拼湊出五首歌，用極少的成本製作成迷你專輯，就連 MV 也自己當導演剪接、衣服是以前在香港買的過季商品，在非常克難的情況下完成了這張迷你專輯。

當事情發生時，先不要輕易定義它，要顧及好眼前的一切，眼前最有熱忱的事情就是我的導

航。因為秉持著這樣的信念，努力又盡力去完成我的第二張專輯，但誰也沒有想到，在沒有大金主幫助、要自己邀歌、自己找錄音室、沒有治裝費、自己當 MV 導演剪接、自己買拍攝用道具、沒有大量宣傳，幾乎所有事都要自己一手包辦刻苦製作出來的專輯，竟然也可以紅遍大街小巷，攻佔各大排行榜，締造了我的唱歌生涯中的奇蹟，人生中如此美好的禮物，就是這張專輯的主打歌曲〈天后〉。

LEICA M10-P | 50mm | 1/250 sec |
f/2 | IOS 200

05

老天爺會不停的給予我們禮物，
不帶著預設的角度去判斷，
才能定義到底獲得的禮物究竟是好是壞。

製作完第二張專輯後，我並沒有思考未來或是
設定什麼大目標，只是開始找唱片公司尋求發
片的可能，緊接著就與馬來西亞華納談定了合
作。沒想到發行之後受到熱烈的迴響，連帶的
台北的公司也提出想要發行的意願，這對我來
說可是天大的好消息啊！因爲能夠來台發展
是我從小的夢想，有機會能夠追隨梁靜茹、戴
佩妮、張棟樑等人的腳步，成爲華語主流藝人

是難能可貴的機會。

只是沒想到來到台北之後竟然又更苦了。

當專輯在台發行之後,我開始了宣傳工作,漸漸有機會去唱校園演唱會,也上了幾個電視廣播等節目,後面甚至接了很多宣傳及演唱活動,看似一切都往好的方向發展時,卻又突然有令人崩潰的事情發生了;我收到了居留證逾期通知,無法在台北繼續工作,必須立刻返回馬來西亞!

礙於居留證逾期,因規定而無法立即入境,這就像是原本正要起飛往天際翱翔之時,卻瞬間把你打落於地一般,看著滿滿的行程全都無法參加,只能無奈飛回馬來西亞。回到馬來西亞之後,我變成閒閒沒事做的人,感覺世界像毀滅了一樣,這時的我感到人生實在太悲慘,也因此得了憂鬱症,覺得老天爺對我真的太狠、

太不公平了。但抱怨並不會讓你得到美好的事情，重點是你願不願意繼續走下去。

當我再次回到台北時，發現情況有點不太一樣，甚至感到有點驚訝；因為很多粉絲在社群平台跟我說，〈天后〉這首歌在台灣超紅的，很多人都會唱，錢櫃歌曲排行榜一直都是第一名！但因為我先前一直在馬來西亞等待工作機會，始終沒有感受到粉絲所說的這些意料外的發展。直到回歸後參與的第一場校園演唱會，我記得是在治平高中，這天我才親眼見證到〈天后〉這首歌的熱度與傳唱度，因為連校長與教官都會唱！原來〈天后〉真的很紅，連續一百六十九週以上在錢櫃排行榜上始終佔據著第一名的位置，而我也創下一個月三十天可以唱到五十幾場活動的紀錄，每天都忙得不可開交，事情前後之間的轉變實在是太大了。

經歷過這一切後，我學到最好的體悟就是，

老天爺會不停的給予我們禮物，只是我們沒發現，或是我們以自以爲的角度去定義它的好壞。我們無法絕對準確的判斷每一件事情的好壞，若是願意給它一個機會，讓它自然而然的發生，不帶著預設的角度去判斷，你會發現有些禮物淺顯易懂，一眼就看得出來了；有些加上了時間密碼鎖，需要一段時間的醞釀；而有一些禮物則是僞裝成磨難，但只要熬過便會解鎖終極寶藏。而在遇到任何事情時，第一時間就判斷與定義它，或許會錯過很多可能。

這也讓我現在遇到不喜歡的事情時，都會先等一等，先不要著急的去判斷它。就如同〈天后〉這首我的代表作，誕生的過程是如此的艱辛，但後來不但在排行榜上有很不錯的成績，在華語圈裡也有許多歌手會翻唱，這就是當下我認爲世界末日之事，竟然演變成我人生中最大的禮物。

iPhone 11 Pro
6mm
1/122 sec
f/2
IOS 25

06

無論外面的世界有多少人心懷惡意，
都不要因此懷疑自己、懲罰自己。

我一直覺得自己很幸運，能夠將熱忱的事情變
成事業，也就是因爲喜歡唱歌進而順利成爲歌
手，甚至有自己的代表作，更有機會接觸演
戲、綜藝等層面的工作。對於這一切的一切，
我始終心存感恩，也依舊帶著這股熱忱持續努
力著。不過娛樂圈畢竟也算是個迷你社會的縮
影，在社會上可能遇到的事情，這裡同樣也會
發生，無論是好事、壞事，或是莫名的事。

什麼是莫名的事？這應該是我剛來台不久時，所遇到最讓我震驚的事件，也用力的讓我上了一堂關於人性的課。事情源自於某位曾經跟我一起工作的人，被邀請上了某個知名綜藝節目時，為了符合節目主題「藝人最黑暗的一面」，說了一些影射我耍大牌的話語……

當時我在台首張專輯已經發行了一陣子，因為歌曲十分受歡迎，幾乎人人都能琅琅上口，各種活動邀約也越來越多，但卻突然間開始聽到這件關於我大牌難搞的傳聞。起初我還有點搞不太清楚狀況，了解之後才發現，原來是前執行經紀人上了綜藝節目，很不開心的提及某位藝人很大牌又難搞，要求去髮廊接他時一定要讓計程車停在門口才願意上車。

只因為我要求計程車停在髮廊門口就是耍大牌？我穿著舞台裝又帶著全妝髮如此醒目的打扮不能直接上計程車，一定得走在大馬路上才不大牌？另外我真的想知道大家叫車不都

是叫到門口或指定地點才上車嗎？還有另一個爆料是關於喝咖啡一定要喝星巴克的事件，對於一個剛來台發展的外國人來說，星巴克就是大眾品牌，就像你想喝珍珠奶茶就會想到 50 嵐、想吃炸雞想到肯德基、想吃 PIZZA 想到必勝客一樣！想喝咖啡就會想到星巴克？這不是大家想吃東西的時候就會想到的選項嗎，所以大家都是大牌囉？雖然當時在節目中沒有指名道姓，是將名字寫在小本本上給主持人看，但種種形容都影射，他說的那位大牌藝人就～是～我！

還記得我剛入行時，在台北人生地不熟的，沒有認識很多人，自然無法在短時間內讓人熟悉我的個性與習慣，或許會因此而產生誤會。但是即使如此，前執行經紀提出的這件事，真的讓我百口莫辯，因為所有話已經透過電視在網路發酵，並且對我產生嚴重的傷害。他所說的難搞可以輕易的說出來，但大牌難搞的標籤就此跟隨著我，跳進黃河都洗不清。

節目中不只是提到這件事，對方還講了其他不合邏輯的發言內容，所有的一切都已讓我背負著難搞之名。聽到這些種種指控眞的很難讓我接受，也使我對於「信任感」產生了許多疑問，因爲不知道界線在哪？會不會我的一句玩笑話，也會被拿去扭曲渲染？事情發生之後，面對身邊工作的人，我不自覺地會保持著距離與禮儀，並且讓我在工作上更小心翼翼、規規矩矩，深怕一個不小心悲劇重演。

有人或許會認爲，你可以出面說明原委啊！但我的個性不喜歡解釋與追究，因爲我始終相信，作品會幫我說話，時間會證明一切，相處配合過後的人自然能夠理解孰是孰非，我不希望經由不好的事件做一些像是炒新聞、蹭熱度的行爲。每個人的人生必須自己承擔，對我來說，一個人過得好不好或是快樂與否，完全取決於他做人的原則與價值觀，那麼，既然價值觀不同就不需要繼續爲此爭執，每個人都希望路越走越寬，不需要再樹敵。

當時我曾經替每個人標籤化，例如這人應該善良沒心眼、這人值得信任，或是這人心機特多、這人總愛踩著別人往上爬……全都是因為對人的信任感崩盤。我不喜歡比較，也不喜歡玩心機，雖然我也可以當壞人，但我完全不想這樣做，不想過這樣的人生。而且內心始終相信，即使再糟的環境，都可以有個出淤泥而不染的人，就算走得比別人慢也不見得是壞事，只要做好自己的本分並且繼續以努力與實力紮穩根基，一定會讓人看見。

事過境遷，現在的我已經不太在意這些，都是過去的事情了，畢竟信者恆信，任何人都可以攻擊我，就像誰也無法控制網路上的酸民。我該重視的是理念相同的人，不再為無法改變的事情或是別人的錯誤來懲罰自己。就算是後來仍有不少新聞是其他藝人以我作為新聞話題，我也不會隨之起舞，因為，我知道自己是個什麼樣的人，最重要。

FUJIFILM X100F | 23mm | 1/2400 sec |
f/2 | IOS 200

07

如果了解壓力，
你會發現壓力永遠不會被消滅，
請用其他情緒取代吧。

可能是我呈現出來的樣子，很像是非常重視養生生活的狀態，實際上，是因爲曾經得過憂鬱症，在經由運動釋放憂鬱情緒之後，才默默的養成這些看似養生的習慣，但自己並沒有刻意營造這樣的形象。

如果問我是否很養生，我會說我沒有特別實踐這一部分，平常眞的不太忌口，炸物、鹹酥

雞、手搖飲等我都會吃喝，我其實是滿隨心所欲，不希望自己太痛苦，反而重視的是能讓我覺得快樂與平衡的狀態；至於該如何平衡的方式，就是懂得釋放壓力。

我發現大腦有一個很奇怪的構造，對於任何較為大又濃郁的情緒都會被放大成為主角，也就是若要你在十秒內快速說十件快樂的事情，可能還需要想一下，但如果要講十件討厭的事情，卻可以一下子講非常多。這代表我們的大腦就是如此，只記得情緒濃郁的，而不是情緒淡然的事情。

我有時會聽到朋友抱怨說，主管是如何不好之類的話，使得工作時都會扛著很大的壓力，這時我會問：「如果用同等的抱怨火力去想像的話，你認為好的主管，會是什麼樣子？」當下朋友聽到反問倒是愣住了，一時半刻回答不出來。其實很多人在職場都會碰到類似狀況，

我只是試圖想要引導其發現，他根本不知道真正想要的是什麼，所以會不停放大他不想要的一面，若是天天如此，那麼人生就太不快樂、太辛苦了，累積下來就變成痛苦的壓力。所以不妨可以思考主管另一個面貌或是其他的可能性，讓腦筋多點轉折，不再執著於同一個面向。

往往我們對於想要的事情都一無所知，即使小時候唸書時，老師都希望大家學習怎樣制定目標，但制定目標的念頭在大家踏入社會之後就忘記了。目標有大有小、有長有短，因此先找到自己想要的事情，再堆疊出自己想要的樣子，不然的話，將會不斷的在鞏固自己不想要的事情，導致融入成生活的一部分。

例如可以轉換環境做一些不同的事情，即使平凡如遛狗、散步等活動也很適合，試著先抽離當下的情緒，轉向其他想做的或是重視

的事情。這也很像小時候老師會說，先讀課本二十一分鐘再小休五分鐘後繼續念是差不多的意思，轉換一下情緒再繼續專注於課本內容，就跟以別種情緒取代壓力的方式是雷同的。這麼普通的事情其實我們小時候就體驗過，所以若還不懂該如何藉此釋放壓力的話，不就連小學生都不如了嗎？

我們只是暫時被蒙蔽了，大腦重視的是大情緒，將濃郁的情緒佔領了腦容量。也因為這樣，我會適時做一些不同的事情，而運動就是最有效、最多好處的方式了。運動超過二十一分鐘之後大腦會分泌腦內啡這種讓人感到快樂的因子，再來就是運動過程中肌肉會解除緊繃狀態，運動完身體會變得很軟，有舒適與輕盈感，這一切都是在釋放壓力。當然不可或缺的優點，還有體態與健康也都會越來越好，自身也會有個良好的形象，講下來運動的好處真的太多了啊！

現在的我，已經習慣不再將壓力攬在身上，只是該如何釋放壓力呢？方法每個人都不一樣，有些人會選擇比較極端的方式，像是吵架、摔東西、大吼等這類的。不能說這麼做無法釋放，畢竟能有助於心靈上的慰藉，只不過是短暫的。所以，不要想著要消滅壓力，因為這不可能，但也不要選擇與其共存；因為共存生活實在太痛苦，我們應該學習，用別的情緒或事情取代壓力情緒；情緒的控管，其實就是選擇這一刻你想放大的。

FUJIFILM X100F | 23mm | 1/14000 sec |
f/2 | IOS 400

08

從現在開始
請每天對著鏡子說「我值得」，
就算用演的，也要演到
你可以真心相信的那一天。

因為我曾有過憂鬱症的經歷，所以很害怕再回到當時生病時的狀態，該如何適時的紓解壓力、排解不必要的情緒，一直都是我很重視的事情。由於我知道大腦總會記得情緒比較濃郁、比較負面的事情，所以，需要試著以其他情緒取代這些負面想法。例如我以前曾用憤怒取代負能量，目的是為了要取代負面情緒與壓力，但後來發現到，其實最好的改善方式，還

是正面、快樂、夢想、希望的情緒去取代最為有效。一開始嘗試取代負面情緒眞的非常難，也因爲困難讓我開始做了一些練習，就是練習快樂。

快樂是需要累積的。我們經常執著於不相信自己值得擁有，每當有人稱讚自己時，總是會感到不好意思、不太願意勇敢接受讚美，若長期處於不相信的情況，往往之後只會剩下沒自信、悲傷的情緒，而且這樣的情緒將會慢慢累積。我因爲很害怕發生這種情況，想起在憂鬱症期間曾經看過瑪莉莎皮爾（Marisa Peer）的書，她是英國專做心靈療癒的催眠治療師，書中分享了很多經驗，當中有個練習就是「我值得擁有」。

當我很憂鬱甚至找不到其他情緒取代時，便會開始做這個練習，也就是不停的告訴自己「我值得」。練習方式可以寫下來，或是用手機拍

下自己說「我值得」、「我可以」的影片，因爲當以第三者角度看待自己時，會產生不一樣的感受。這方式對我的影響很大，卽使我一出道就有代表作，緊接著還有其他作品也受到粉絲支持，對於旁人來說也會覺得我一路都很幸運，但是，當我自己看待這樣的狀態時，還是偶爾會產生自卑感，甚至會自我懷疑，迷惘於會不會我只剩下幸運而已？

如此不安、憂慮、擔心的負面情緒，尤其容易在我開案作專輯時滋生，此時要面對周邊蜂擁而來的各種聲音，像是會不會有取代〈天后〉的另一代表作？會不會嘗試新的曲風？種種意見很容易打亂我的節奏，也讓我的心產生拉扯，這時很濃郁的情緒多是慌張與擔心，我不知道怎麼做才是對的，也擔心若是做了過多的改變，會有人說怎麼以前的陳勢安不見了。

後來我發現擔心的原因就是濫用了你的想像

力這項天賦。人跟動物最不同之處，就是我們都有預想未來的可能性，也算是種超越時空的能力吧。我曾經寫下內心十分擔心的事情，後來發現百分之九十都不會發生，感覺我就是在濫用想像的天賦與穿越時空的練習而已。因此，我後來在開案新專輯時會隔絕這些聲音，但還是會詢問大家想聽想看什麼內容，將這些當作參考值就好，再問問自己內心究竟想做什麼風格的專輯，我學會了放棄不必要的擔心。

也因為嘗試了「我值得」練習，慢慢開始看清了一些內心糾結的卡點，也發現到有些人會執著在過往的負面情緒並且殘留於心。還記得曾有朋友不開心的說，五年前的某人曾經跟他有金錢方面的紛擾，但我聽到後的反應是，你讓五年前的某人控制你到今天真的好可憐！我是很刻意地說這些很刺耳的話。理由在於，很多人都背負著不必要的行李在身上，對於某些人事物特別敏感而不自知，被刺激後才恍然

大悟，請不要讓這些人事物繼續控制自己的人生！若是那麼輕易被操控，那還要如何去追求夢想，如何過想要的人生呢？

懂得如何丟棄不必要的東西，非常重要，但相信自己值得擁有想要體驗的人生更重要，從現在開始請每天對著鏡子說「我值得」，就算用演的，也要演到你可以真心相信的那一天，你會發現「我值得」這三個字的魔力。

FUJIFILM X100F | 23mm | 1/3000 sec |
f/2 | IOS 200

09

機會是留給準備好的人，
要持續累積自己的實力，
才不會只是曇花一現。

或許因為我的長相以及身處在娛樂圈，很多人都會覺得我有種高冷的形象，但當認識了我之後，便會跟我說：「我沒有想到你這麼好相處！」、「我沒有想到你對後輩這麼好！」聽到這些話的頻率，在近幾年似乎有點多。

就以參與《全明星運動會》第三季的錄製來說好了，有許多年輕人參與競賽，而我會把他們

凝聚在一起，大家一起訓練、一起吃飯、一起聊天，一起爲了競賽而努力。長時間下來，我默默在這些年輕人身邊似乎還肩負起一個角色，就是安慰者。因爲身處在高壓競賽的環境，不免會遇到一些問題，所以只要任何人有疑問、不開心的事情或是困擾，都很自然的會來向我尋求建議，而我面對他們也不會有上下關係，就是輕鬆一點做自己，但是基本的禮儀是一定要有的。

我始終相信，每個人都是每個人的貴人，都絕對可以教會我們什麼，所以我對於交友始終樂在其中，不會特別保持距離。再加上我是 A 型人很愛侃侃而談，自然就會給予別人一種信賴感，有事就來找我聊。

因爲我在娛樂圈也有十多年的資歷，當初是離鄉背井來台北發展，一路跌跌撞撞、也很迷惘，沒有朋友或前輩告訴我到底這條路該怎麼

走，全憑藉著自己摸索而來，所以當面對年輕一輩的新人時，我不吝分享我的經驗希望能夠對他們有所幫助，我希望我以前沒有的，他們都可以有。也因此，最近很有感的是，有些新人對於娛樂圈肯定有一定程度的憧憬與想像的樣貌，但是一踏入娛樂圈後發現，怎麼跟想像的不同呢！我會跟他們說，那是因為你們太急了。

每個人都想要一步登天、一砲而紅，大家會看到像是誰演了某部戲之後爆紅、誰唱了什麼歌之後大賣等這類的新聞，但這些事情都是有天時地利人和之因素構成，絕對不是瞬間突然爆紅，背後也是經過許多的努力或是沉潛，甚至是等待，才等到了一個絕佳機會。

既然主動追求不一定能達到目標，那麼，就要有耐性，因為我堅信只要準備好，機會自然就會留給你，但若沒有任何準備一切都將是徒勞

無功。要成功得要靠實力，沒有人只是單憑幸運就能紅得久，所以我會建議要多點耐性做好準備，再來就是等待時機。時機若還沒找上門，那就繼續累積實力，因為娛樂圈不是紅得快，而是看是否能走得久、走得遠。

現在是網紅崛起的時代，我之前曾發現 KTV 排行榜上的好名次都被網紅佔據，這其實都是反映當下網路流量的情況，因為網紅的粉絲們一定會忠實追隨，所以我也藉此認知與理解到環境的改變。只是過了一段時間，那些網紅歌曲竟又不見了，被其他後浪新秀所取代，但是，我的歌曲依然還在喔！我深知終究要持續累積自己的實力，才不會只是曇花一現，只有真真實實的內在實力，才能不斷創造出真正且長久的價值。

iPhone 13 Pro

5.7mm

1/1,326

f/1.5

IOS 50

10

輸贏很重要沒錯，
但更重要的是，
想要追求夢想的樣貌以及過程，
最終的終點不是重點，過程才是。

即使我已經不太會累積壓力，但參與《全明星運動會》第三季之後，應該是我近期感到最有壓力的一次經驗了。因為《全明星運動會》是運動競賽，並且攸關團隊的輸贏，再加上有很多其他外在因素都不是自己能夠控制的，這時就會產生壓力，所以我只能盡力做到最好。即便所謂的這個最好，可能跟大家眼中的最好標準不太一樣。

也因為許多事情不是我能夠控制的，跟整個環境有關，身心其實備感壓力，但我能夠做的，就是要以怎樣的態度去面對，所以我以無悔且對得起自己與大家的心態去參與所有的練習與比賽。因此，每次的練習我都不缺席，而且全力以赴訓練與競賽，有些比賽我就算沒有經驗，或是有些運動項目不會上場，但我仍然不間斷努力練習，而且一直練到真的有很大的進步為止，並且讓自己在隨時準備好的狀態，隨時可以替補隊友。在扛起沉重責任跟輸贏的壓力時，仍然不要忘記要以積極的態度與無悔的心去面對，這個就是我的態度。

對我來說，輸贏很重要沒錯，但更重要的是，想要追求夢想的樣貌以及過程，也就是我想要表達的，最終的終點不是重點，過程才是。也因此，在參與《全明星運動會》之後，我與隊友從磨合到完全有默契、有向心力，我們的凝聚力已經大到無關乎輸贏，在最終結果尚未揭

曉前，大家都已經非常快樂的享受這一切運動過程，而且努力過後就算輸了，我們還是保有同樣的信念，就是沒關係，下一個項目再一起拼回來吧！

在《全明星運動會》除了體驗到各種運動項目與跟隊友共同努力的開心過程之外，另外一個收穫就是，我因此喜歡上了新的運動項目，像是射箭、排球等。對於能夠延續關於《全明星運動會》的事物，對我來說是種享受，也代表著能夠參與是非常值得的。

像射箭迷人的地方在於，需要讓自己的身體有非常完美的契合，要知道每一塊肌肉在幹麻，肩膀有沒有聳起來、角度有沒有歪，身體是否保持的很穩定，即使有時看起來整體動作很完美，但射出去的瞬間依然無法保證是否能夠獲得好分數。這種充滿技術面又有未知性、還能跟自己相處的運動，多元的趣味性實在很滿足

我的喜好,在射箭時的專注度,完全佔滿我的
腦容量。因為太喜歡我還自己買了弓,我以運
動紓壓的方式,又再多了一個可實踐的選項,
射箭也成為我排解壓力的管道,未來將持續進
行這項讓我著迷的運動。

既然我說不希望一直背負著壓力在身上,所以
當我好幾個月內全心投入參與《全明星運動
會》的錄製,在結束比賽之後我實在非常需要
好好紓壓,而最佳排解壓力的方式就是運動。
因此錄影結束之後,我馬上安排了水下運動,
去墾丁潛水一週!稍稍解壓之後,再帶著神清
氣爽的陳勢安,完美回歸。

LEICA M10-P | 50mm | 1/750 sec |
f/2 | IOS 200

11

當生活卡關感到茫然無助時，
記得冷靜聆聽自己內心的聲音，
找到心之所往的那道光。

如果你覺得生活卡關了？如果很討厭現在的
自己時，該怎麼辦？

嘗試著從內心找回真實的自己，也就是要有自
身的原則。就像是有時會聽到別人說著，某某
人工作好順利，就像如魚得水一般，但慢慢深
入了解後才知道，之所以讓人覺得他工作如此
順利，都來自於他有自己的理念、秉持著自己

的感受。如同運動員保有不斷努力的動力，他們拼命又認真練習絕對不是因為怕被教練罵、怕被觀眾罵這類莫名的理由，大多數都是抱持著永不放棄的態度，而這種態度就是來自於內心，就是熱忱、也是心之所往。

可是要怎麼找到熱忱？畢竟從小到大都沒有人教會我們如何尋找，所以我發現，若要感受這股真正的力量，得要看自己是不是能夠樂在其中。如同很多人都曾面臨著是否該離職、工作到底該怎麼做才比較好之類的情況，始終無法樂於工作、享受工作進而喜歡工作。每每想到此，我都覺得自己非常幸運，幸運的理由在於，我找到自己喜歡的工作，而且樂在其中。

因為我會試著跟自己對話，進一步發現到其實很喜歡投入於工作時的自己！畢竟環境很難被改變，就像職場、朋友圈、學校社團氛圍等不太可能因自己而被改變；例如老闆總是覺得

你好吃懶做、不用心工作，可是明明你忙到幾乎天天都在熬夜加班，偷懶的反而是其他因為懂得老闆的喜好而被認可很勤快的同事，你只是不懂得如何適時讓老闆知道而已。諸如此類的事情其實不勝枚舉，而且幾乎每個人都有機會遇到。

這時就可以反思，若環境已經認定你是好吃懶做之人，表示這裡已經不適合你了。要不然就是你要懂得調整、懂得改變、懂得配合這場遊戲規則、懂得如何踩別人往上爬，或是懂得抱老闆大腿之類的，才有機會扭轉別人對你的看法。而這些事情，都是很實際存在於社會的現象。所以，建議此時不妨問問自己、與自己對話：「這是我想要的嗎？」如果答案告訴你，這是你想要的生活，那麼，即使鬥得遍體鱗傷也要繼續堅持下去，因為那是你的信念方向，也是你心中想要的答案。

就像運動員的生涯，即使很短暫、即使受傷就整個毀了，但仍努力追求達到第一的目標，這是爲什麼？力量又是從哪來？一切都是因爲秉持著熱忱與信念才得以堅持下去。

我常跟朋友說，很多人都想要當超級有錢人，偏偏超級有錢人的比例可能只佔了 1%，大部分的人都屬於 99% 那一區塊的一般人。

有錢人與一般人的差別在於信念、差別在於想做這些事的原因是什麼。例如比爾蓋茲的理念就是，他成立慈善基金會，投入全球衛生的慈善事業，即使他身爲世界富豪擁有令人欣羨的一切，但仍抱持著擔憂弱勢民眾的心，保有持續行善的堅強信念。特斯拉創辦人馬斯克則把大部分的錢都投入到 SpaceX Mars 計畫，明知道這個火星計劃是不可能賺錢的，可是他想要爲地球尋找另一個新地方、造福人類。他自己也曾說過，當可以去火星旅行時，自己早就已

經不在這世上了，但卽使如此他依然繼續進行這項艱鉅的計畫。

他們就是那 1%，內心擁有確實的信念，也就是我始終相信的的心之所往。

LEICA M10-P | 50mm | 1/180 sec |
f/2 | IOS 400

12

關於夢想一但有了迂迴矛盾的想法，
便是萬劫不復的開端，
這也意味著你的目標並不是你想像的那樣。

我真的真的很喜歡唱歌，這個發現來自於踏入歌壇之後所接收到的種種經歷與感受，所以非常珍惜有機會能夠成爲歌手。也因爲保有這樣的真實心境，讓我始終可以專注在熱情上；我的目標就是光以聲音的辨識度，就可以讓你一秒喊出這是陳勢安的歌手。

這份熱情能夠讓我很輕鬆的調適生活不自由

這件事、熱情可以讓我不需要很掙扎的便自然跳過身體疲累這件事、熱情不會讓我覺得天天搭高鐵奔波好辛苦……一切的一切都是因為，熱情是我最重要的內心導航。

有人踏入了娛樂圈工作之後，發現私生活變得很不自由而開始抱怨、而有人可能拍了電視劇或電影但其實根本沒有獲得相對的報酬、很多人很想要受到關注卻不想花時間去經營社群與粉絲互動……諸如此類許多負面或是消極的態度，都是對於目標導向不夠明確；一旦有了迂迴矛盾的想法，便是萬劫不復的開端，這也意味著你的目標並不是你想像的那樣。

所以，我不會批判有些通告並沒有收入，也不會在事情或問題上糾結，而是嘗試去理解整體工作目標的全貌是什麼；例如，我很想要得獎、擁有更多的代表作、不停累積熱門歌曲、參加各種商演等，那麼，我的目標就是這些。

爲了朝向這些目標，我不會退縮，而是用熱情作爲不斷向前進的導航指南針。

我不敢很絕對的說目標從未改變過，只能說是不停的在修正目標，並且導向內心想要的樣子。畢竟目標不是死的，是可以不斷因狀況修正，況且我們也不是神，看不到生命的結局，與未來的各種可能。

用個故事比喻或許會比較清楚，假設有位朝九晚五的上班族，無論是生活或是工作都很穩定，人生也沒有什麼大起大落，但卻很有可能突然在某天覺得人生少了目標、感到有點累了，開始突發奇想打算創業開設街邊小店賣起珍珠雞蛋糕。或許一開始沒有人給予認同，但其實未來很有機會從中找到逐夢的樂趣，甚至也可能經營至連鎖規模的程度。從離職到開店這段過程會經歷很多變數以及自我懷疑，若沒有誠實面對自己，以熱忱當作導航，或是沒有

適時調整目標，很有可能會當上班族一輩子，而失去這些嘗試挑戰的機會。

所以我一直認為找到心中的那份熱忱真的很重要，這也是為什麼我想跟大家分享，千萬不要認為你的夢想不會變，當然也不要硬是一定要找到一個夢想才行。

就以我來說，當歌手也不是一開始就奠定的目標，即使我從小就很會唱歌，也拿了許多的獎盃，但隨著青春期變聲之後就放棄參加歌唱比賽。我來到台北發展，窮到沒錢吃飯時，我仍然不斷的問自己：到底歌手這個夢想是非要不可的嗎？對我來說，從要不要當彩妝師、要不要發專輯等過程，都在在讓我發現到我真的很喜歡、也很享受當歌手的生活，確定了即使再窮也想要實現歌手的夢想，而且為了達到這個目標，根本沒有時間抱怨，因為拼了命努力都來不及了！

所以，一定要先清楚了解是否有足夠的熱誠讓你忽略辛苦的感受，若可以，先恭喜你，可以持續堅持這個夢想了。

你值得擁有一切你想要的

Chapter

II

因爲愛情

我死了幾百次

LEICA M10
MONOCHROM
28mm
1/3000 sec
f/4.96
IOS 320

13

理想型無法被定義，
取決於在每個階段的自己，
需要什麼樣的對象。

仔細想想，自出道以來，我從來都沒有公開聊
過感情觀或是戀愛史，每當有採訪記者提出這
方面的問題時，我因認定是很隱私的個人生活
話題，所以我往往是以防守的角色回應記者，
很有禮貌的應對但不會正面回答（笑），就算
是長時間跟我一起工作的夥伴們，彼此之間也
從不會聊關於感情的事情。

所以現在，也就是本書中所提到的，可說是我第一次跟大家分享，關於我對於愛情的態度。

在感情關係，我算是比較傾向於主動的那一方，但是我得先聲明一點，就是我雖然是雙子座，可是真的一點都不花心！

一路走來無論是以前或是現在，我一旦投入就是很專情的人。只是不可否認的是，在還沒有開始正式戀愛、只是在初步認識階段時，會稍微欣賞每個人各自的特質，會覺得每個人都很有趣，因為每個人都很特別，沒有一模一樣的人，我對這些都保有濃厚的好奇心，但這不是博愛也不是濫情，是在認識對方。

偶爾會聽到別人問我，你喜歡什麼樣的類型？老實說，這問題對我來說真的很難回答。理由在於，我的定義中對於類型，指的就是外型，像是短髮、大眼這類的特徵，可是我們是跟人

在談戀愛，不是無生命的對象、也不能只看外表，所以我覺得我的理想型是無法被定義的。

尤其是年紀漸長了、社會經驗也增長的此時，我發現人跟人之間的相處，彼此之間的頻率與感受是否吻合變得更加重要。也就是說，若是要交往的話，取決於我在這個階段，最需要跟什麼類型的對象互動，比方說在學生時期可能覺得幽默、有趣的人比較好，但長大後又改變了！假設剛好正處於拚事業的時候，恰巧遇到也正努力於工作的人，當兩者有共同努力的目標方向，而且若有一方受傷也能彼此安慰、成為彼此的避風港時，這就會變成我選擇的標準。也就是我喜歡的類型，要視當時自己的狀態而定。

我其實已經單身很多年了，也並不是刻意要選擇單身，而是自然而然地覺得現在這個狀態很好、很舒服，再加上工作狂這三個字幾乎可以

跟我劃上等號，所以另一半必須要能夠理解與體諒我在工作上的難度。因此其實不容易在現時找到適合的，再加上目前也沒有走向婚姻的憧憬。

當然，有時不免還是會反問自己說，此時的交往對象會是什麼類型的人比較好？腦中浮現的答案是，希望維持關係安定、兩人有共同興趣的對象，像是可以一起從事戶外運動，喜歡一起旅遊。

即使如此，我仍然不斷的在尋找我自己的樣子，因為戀愛時，很容易會變成對方希望你變成的模樣，我又忍不住要說因為我是雙子座，當曖昧時別人會覺得你是神，因為好像對誰都有興趣，但又好像沒有興趣，讓人有點難捉摸。偏偏這樣的人，對！就是我，只要認真戀愛就會變成狗，完全以對方為主，變成對方喜歡的樣子。因此會有點迷失自我，甚至會感

到有點空虛，就連自己的喜好需求也不會被滿足，當然久而久之形成矛盾之後，就變成吵架的理由了。所以，我真的很滿足於現在的狀態，單身其實也很快樂。

LEICA M10-P

50mm

1/180 sec

f/5.53

IOS 200

14

戀愛到底是什麼？
面對愛情，
我們變得一點都不理性。

才剛說我已經單身很久了，若這裡又跟大家聊聊關於曖昧的事情，會不會很衝突（笑）？！

我覺得雙子座很享受一開始就曖昧跟不確定的過程，因為這個星座的人很敏銳，容易過度分析每個小動作，例如這句話是代表喜歡還是不喜歡？對方剛剛突然給我一杯飲料是什麼意思？明天約我去運動是對我有意思嗎？總

之林林總總的狀況都會被雙子座拿來揣測解讀。在很久以前的我，其實很討厭這個階段，當時年紀小，超希望能夠跳過曖昧不明的階段，直接快轉到老夫老妻的穩定狀態。

但現在的我長大了，開始覺得這樣（曖昧）也沒有什麼不好，既然已經經歷過好幾段的戀愛，就不要讓曖昧期那麼快結束，因為曖昧也是件很美好的事情。可能跟年紀有關係吧，小時候經歷分手階段很痛苦，現在的我可能更重視當下，勝過於想像的未來，走的是比較實際的路線。所以就算是在曖昧過程，也是在享受對方的存在與互動，那已經是很美好的事情了，就算沒辦法繼續走下去也沒關係。

因此我才會單身了這麼久，再加上我是個只要一戀愛就會非～常投入的人，可是一旦面臨分手就會覺得自己快要死了，當第一次分手痛苦的讓我覺得好想死，但隨即又有第二次、第三

次、第四次等，我也都覺得快不行了，但是，我怎麼死了那麼多次還活著！不免讓我覺得痛徹心扉的感覺到底是真是假？每每分手都認為沒有對方是不行的，可是一認識新對象交往後又整個生龍活虎覺得世界好美好，當時為何要如此痛苦、如此灰暗，人生中為何有這樣的過程，到底真假為何？我的判斷是對的嗎？戀愛到底是什麼？腦中一直想著這些。

是的，我開始想戀愛到底是什麼？人是感情的動物，面對愛情，我們其實一點都不理性也沒有邏輯，在情感的狀態下又能夠找到溺愛與享受的過程，後來我覺得這一切真的就是過程，不需要死死牢牢的緊抓著不放。因此，我選擇了單身，而且也覺得是很適合現在的我的最佳狀態，只不過，關於愛情，仍是個我到現在還在學習的課題。

我在感情關係中，是屬於比較主動的一方，會

希望出現在對方的世界、會主動找機會聊天，而且還會親口告白！因爲雙子座滿重視儀式感的，所以對於確實的知道哪天是正式交往首日，會非常的在意！而且在感情方面我有點潔癖，若有人單方面喜歡我，我會婉轉的讓對方知道自己並沒有意思，沒有曖昧可能、也沒有灰色地帶，這些都需要讓對方理解，不說出來對於對方太殘忍了。喔，對於喜歡的人，就會希望能夠曖昧久一點了，人真的是很奇妙的動物（笑）！

可能是雙子座比較衝動的關係，一見鍾情和日久生情，我偏向一見鍾情，後者其實很少在我身上發生。有時會因爲某個舉動、某個特質，而吸引我注意，例如可能在吃飯聊天的聚會中，發現我的笑話只有某人笑了，這時某人的存在感就很明顯，深聊後逐漸產生好奇心，便自然地會找時間與對方相處。

若問我舊愛還是最美嗎？我覺得不是耶，因為我是個向前走的人，不會回頭看。畢竟在戀愛的時候是真的全心投入，把自己交給對方，當時很愛、很喜歡、很保護，也不會同時幻想著下一任對象會怎樣，只要關係結束了就是真的結束，是個沒有遺憾的過程。所以我不會再想舊愛了，我會往前繼續走。

當然療傷過程很辛苦，我懂得欣賞自己的好，也了解自己能夠為對方付出的價值，若有低落心情時，會開車繞繞、聽聽歌，或是把心情寫進歌裡面，稍微抒發當下的心境，同時也是一種紀念，紀念一段曾經很美好的感情。千萬不要在分手後以暴飲暴食懲罰自己，這對自己太虧太不好了。

FUJIFILM X100F | 23mm | 1/4700 sec |
f/2 | IOS 200

15

失戀並沒有不好，
只是他沒那麼喜歡你，
請重新找回屬於自己的自信吧。

身爲藝人，其實很難適度隱藏自己的情緒，所以我只能盡量做好自己的本分，也就是上了舞台之後，我會暫時忘掉不開心的事情，等待工作結束之後再面對，這是對工作的專業也是基本尊重。好歹我也是出道十幾年的歌手，這樣的情緒抽離對我來說是很基本的能力（笑）。

幸運的是，我很少遇到暴力式的分手，即使如

此，分開後在個人心靈上的安慰還是很重要。身邊很多朋友在分手後都認為自己爛、自己活該、自己不夠好，其實這樣不屬於健康的面對態度。我是越戰越勇的人，在愛情裡面失敗一次兩次，反而更能看清楚自己的價值，因為失戀並沒有不好，只是你不是他喜歡的樣子，或是他沒那麼喜歡你。

愛情太難被控制了，包含了時機、生活條件、工作、生活圈等，愛情是很複雜的東西。

因此我覺得分手後要懂得重新找回自己的自信心與美好價值，不要一直認為是自己不夠好，要懂得療癒自己，面對愛情要保持一個非常開闊的心，硬是強求只會讓彼此受傷。像是當傳訊息給對方時希望能夠馬上得到回覆、重要節日都要記得且有表示等，這些期待都是把對方變成自己喜歡的樣子而已，但明明會決定戀愛，就是因為你喜歡原本的他啊！

戀愛時感覺世界就算有再大的難題，都能夠有人一起扛，但當分手時就只剩下自己，所以既然不愛了，就要面對沒有對方的日子，與其因為擔憂失去對方而換來的是天天爭吵，還不如選擇面對沒有對方的生活。

很多人常常只用一種角度看事情，有時對方是以自己的方式愛你、做貼心的事情，但往往我們會以自己的視角，認為對方應該怎樣做、希望怎樣做，只是對方的體諒卻是因為知道你不喜歡，所以幫忙解決，只是解決的方式不是你要的。

有時也可能太渴望把對方拼湊成自己想要的模樣，而忽略或錯過好好享受對方貼心的美好時光，這些其實都是非常細微的生活小事，卻對相處造成巨大影響。所以，不要一直專注在對方沒做的，要多看看對方做了什麼，有些男生比較隱晦、內斂，但不表示不愛你，只是沒

用你想要的方式展現。

人生可以是一場冒險，不需要一套劇本，因為套劇本太無聊了。劇本走向經常都是千篇一律，現在很多人不快樂，因為結婚了還想念戀愛的感覺，還沒結婚的很期待穩定的婚姻，偏偏對方不想結。

每個人都有各自的人生，戀愛可以是冒險，現在的我喜歡曖昧期，因為不會有理所當然的態度，對方自然也會以這樣的角度看我。

常聽身邊朋友形容喜歡的男朋友類型與喜歡的老公形象，或是說為何老公婚前婚後差很大？這時我都覺得你「勢在哈囉！」因為是完全兩個不同的人啊！

大家都希望老公就是要愛家顧家，男友則是要有趣幽默黏你之類的，但是婚後若要顧家穩

重，同時又要有趣愛冒險有戀愛的衝動等感覺，這轉折真的太難了，千萬不要以自己的角度去塑造對方的形象。

LEICA Q | 28mm | 1/500 sec |
f/1.7 | IOS 100

16

我們要學會好愛好敬，
更要練習愛情，
請不要在你懂得愛自己之前去戀愛。

有些人的感情觀好像變得比較速食，也就是我們經常說的速食愛情，我認爲這現象已經是一個必然發生的事情。在以前網路不發達的年代，大家談感情必須見面、必須交談，但是現在有了社群平台，IG、FB、抖音等再加上各種交友 APP，可以同時間看到全世界的帥哥美女，網路無遠弗屆啊！

而且也因為看了那麼多圖片，經由互相比較之下很快地就知道，原來這樣才是好看、才是漂亮！這些在網路悠遊的方式取代了原本交友的過程，彷彿是看看圖、看文字就已經經歷了彼此之間的相處，即使內心可能了解到，看到的一切都是刻意營造的，好像也不太在意。

所以當環境改變了，速食愛情似乎也就變得無法避免，很多感情都是先到了本壘，有了親密接觸或是有了名分之後，再來嘗試了解對方。從很多情歌也可以發現到都在陳述這些現象，在閃電交往開始認識彼此的過程中，才慢慢發現其實並不適合，很多劈腿或是說謊的故事都是從這而來。所以愛情已經速食到，我們來不及完成一開始的過程就獲得身份，當發現要以臨時抱佛腳的方式將之前的過程補上時，才知道我們有很多的不合襯。

很多感情的依據，漸漸變成為希望對方來補滿

自己缺少的某一部分，當我聽完周遭朋友的一些愛情故事之後，都會覺得或許對方愛自己甚過於你，在你身上看到的某些特質是他沒有的，因此希望利用你來補滿他的不完美。對此我常笑著說，這情況讓我有很多情歌素材可以唱給你們聽！

我有首歌叫做〈好愛好散〉，如何好愛好散是個很難的課題，直到現在我也無法有個結論。之前曾經聽女性朋友提起過，有被邀請去參加前男友婚禮的經驗，而且還跟男方好友們同桌，當下聽到真的覺得這狀況太少見了。朋友說，因為當初是和平分手，彼此的關係雖然在一起超過七年且依然有愛，但似乎過於平淡、缺少了點激情，既然如此何不各自放手去追求其他的幸福。這真的是我近來聽過，最為好愛好散的故事。

因為我自己的個性真的不容易做到好愛好散，

也曾經想過，到底愛情是什麼？就像先前提到的，我每次分手時都覺得世界要毀滅了，但當心情釋懷之後或是遇到新對象時，我又整個大復活了，繼續過著很甜蜜的日子！愛情是什麼？直到現在我還在摸索，在我心中也依然是個很大的問號。

目前對於感情沒有太設限、也不強求，當然對於愛情我還是懷有憧憬的，遇到對的人還是會追求、去製造機會，只是剛好還沒遇到心動的對象，所以才會單身了好一陣子，這也算是一種休息吧（笑）。而且單身真的很自由很開心，情緒也不會因為一個人而大起大落或被牽著鼻子走，現在的我的確很享受這樣的生活。

不要在你懂得愛自己之前去戀愛，因為很多時候是必須先知道如何欣賞自己再來戀愛比較好，才能以一個完整的自己去接受感情，而不是一昧的希望對方來滿足自身而已。這也是為

什麼我常聽到許多人在初期熱戀時超級甜蜜的，但真的在一起就開始幻想破滅。戀愛的基礎應該是認同自己、喜歡自己，以真實姿態跟對方磨合與交往。

Chapter II

因為愛情，我死了幾百次

Chapter 11

你
值
得
擁
有
一
切
你
想
要
的

C h a p t e r 11

Chapter

III

人與人之間的

愛恨情仇

LEICA M10-P │ 50mm │ 1/500 sec │
f/2 │ IOS 1600

17

心想無法事成，請忽略你跟想成為的
自己之間的差異與距離，
調整你的頻率、聚焦對齊未來的自己，
再出發！

既然我身為許多朋友的心靈導師，會被問到的問題肯定很多，其中有一個問題很想跟大家分享，就是：「心想真的就能事成嗎？」我給的答案是：「不能。」

為什麼這麼說，因為為了比賽努力練習的人那麼多，但第一名的贏家只有一個，在每一項運動裡面，所有的人都在做相同的訓練，但是球

隊裡的攻擊手偏偏只有那幾位。既然如此,那麼你必須要讓自己變成心想事成的「那個他」的模樣,而不是一直在觀察你跟這個目標角色的距離。所謂與目標的距離,簡單來說,如果想成為手搖飲店老闆,卻一直喊著成本好高、因為疫情市道不好、店租好貴、一直顧店好辛苦等讓自己越來越喪氣的話,那麼這就是我所要表達的,與目標的距離。不該一直專注於與目標之間的差異,真正應該正視的,是該如何成為手搖飲店老闆,也就是我說的,你要聚焦在想成為的樣子。

或許有些人會用假想敵或是偶像作為目標,但我是以自己為標的,想像著若要達到那個目標時會是什麼樣子,當然這個想像必須聞得到、聽得到、摸得到。例如我目標是想當經紀公司的老闆,能夠心想事成的方式,就是要變成他,也就是由內而外變成經紀公司的老闆。因為只有這樣,對於事情的看法以及思維角度才會不同;像是面對廠商會想要去溝通了解、跟

年輕後輩相處時會懂得適時給予關心與幫助等，這些都跟身為歌手角色時的想法不同。而且身體會慢慢幫你導正一切，這是一個打從內心認同的模樣，因此不需要花時間維護，畢竟就算想要演，也不見得能夠演得出來，很容易就被看穿而破功。

我再舉個例子，就以我最近非常熱衷的鐵人三項這個運動來說好了。我不喜歡跑步，所以從來都沒有參加過，有一次當朋友提起要前往墾丁參加鐵人三項活動時，我因為也很想跟去南部遊玩便隨著一同南下。結果誰知道我到了比賽現場後發現，這項運動也太熱血了吧！就愛上了這個運動，跟朋友一起報名了下一場在台東的三鐵比賽。對，就跟參加唱歌比賽一樣，我又再次因為單純陪朋友參與活動之後，自己也跟著淪陷進去了。

我只能說鐵人三項的過程真的超～級～痛～苦，不但曬到快暈倒，還幾乎以連滾帶爬的方

式抵達終點,非常非常拼命才完成比賽。不過倒也因此讓我嘗到了一點甜頭,發現到原來自己也能完成鐵人三項,還獲得無限的成就感,覺得自己還挺厲害的!

卽使這項運動從來都不是我的目標選項之一,但在嘗試了之後發現仍想繼續練習,因此我塑造了一個鐵人三項運動員的樣子在我眼前,不管是裝備、身形、衣服等,全都在腦海中浮現。慢慢的,開始買跟運動相關的衣物與裝備、會主動參加活動,這也就是我所說的,當腦海認定了這些形象之後,自然而然就會出現心中的樣貌。

同理可證,大家應該經常發現,怎麼身邊一些原本不運動的人,突然間開始運動跑步了!而且很多人都是在參加路跑活動之後,就脫胎換骨變成路跑人的樣子。開始會定期跑步、買相關裝備,打扮與作息都跟以前不同了;這前後之間的差異,就是因爲內心認同這目標的樣子

而塑造完成。因此我發現到，運動很容易領導
著我們改變，若是能夠善加運用這個邏輯，相
信每個人都可以輕易地改變自己。

既然塑造了一個未來的自己，那麼要留意，阻
礙前往目標之路，最大的敵人通常都是自己，
這是一個到現在連我也在磨練的課題。因為我
在生活某些區塊能做到，但某些部分我也還無
法努力學習好這堂課；就像我在《全明星運
動會》變成很厲害的運動員，但明明就不會田
徑，卻要在短時間內展現出有十年以上田徑底
子的人，所以才會說很難，自己也仍在努力學
習中。

不過，既然我設定了目標，就會全心聚焦在如
何達到目標，而不是一直關注於我與目標之間
的距離有多少、有多困難。即使最後沒有上場
也不會因此苛責自己，只要開心就好。而獲得
開心的動力，來自於我發現了自身的進步，每
天的狀態或成績都比前一天來得更好！

LEICA M10 MONOCHROM | 28mm | 1/250 sec | *18*
f/4.96 | IOS 1500

你想成為什麼樣的人？
身邊就應該圍繞著那樣子的人，
你擁有100%選擇權。

沒有人是絕對的好人或壞人，就算是壞人有時也會伸出援手或是懂得心軟，就像人生沒有黑與白，多的是許許多多的灰色地帶，當中不乏有人藏有心機、手段，也會有人能夠與你建立起包容或革命情感，也懂得理解與體諒，這些都是社會中會存在的樣子。因此，既然我身為一個公眾人物，會遇到各種流言蜚語，似乎也是在所難免，但我對此始終秉持著不解釋、

不回應，以自己的熱忱、實力持續累積好的作品，因爲唯有這樣，這條路才能夠走得長、走得久。

憑著這樣的信念，我一路走來過得很自在，現在更自己成立經紀公司，與志同道合、善良且有一樣信念的夥伴，共同打拼事業。我們都將興趣變成工作，卽使面對不了解或是陌生的領域也一同努力，一次又一次的解鎖困難，收穫到滿滿成就感，大家做得很開心也感到幸福。

還記得創業時，眞的很多事情都不太懂，因爲以前多半接觸的是商演，但現在無論什麼事情都要自己做，像是要做自己的音樂統籌、版權擁有者等細節，都需要一一釐清了解，另外還有詞曲創作、錄音、編曲、混音等也都要自己接洽。還好一路上都有許多貴人幫忙，也慶幸我們平時做人應該還不錯。

也因為這樣的經歷，讓我們一直不斷的往前走，而非停留在同個地方、同個階段，唯有不斷的去經歷下一個階段，才會持續前進，我們不能停下腳步，得跟著世界一起進步。現在有時跟工作夥伴們還會笑著聊起之前辛苦的種種過程，那些都是成就感的累積，也是快樂的累積。

說到快樂，我必須說我的快樂泉源除了工作之外，運動也是獲取快樂的另一重要方式，而且運動更讓我結交到許多好朋友。想要結交什麼樣類型的朋友，其實自己擁有 100% 選擇權，如果喜歡某一項運動，可以選擇身邊圍繞的都是這項運動的強者，能夠激勵自己的進步；如果崇尚戶外活動，可以選擇志同道合的朋友，相約結伴去爬山或是提供更多有趣的路線等。

運動對身心健康幫助很大，運動時腦內會分泌腦內啡，讓我們舒緩緊張與壓力，心情還能夠

變得開朗有活力，即使是悲觀的人，當身邊圍繞的都是熱愛運動、能量正向的朋友，勢必也會產生好的影響。因此運動或許也是我充滿能量，可以不斷向前邁進的原因之一！由於我接觸各種運動類型，而得以認識各個圈子的朋友，例如有玩三鐵、羽球、桌球、潛水、單速車、爬山的……各式各樣運動型態的朋友圈，對！我真的從事很多種運動，再加上最近又多了一個《全明星運動會》朋友圈。

也可能因為愛運動的事情也曾被媒體報導過，所以會有人主動邀約我一起加入球局，就這樣，朋友圈拓展的越來越廣。像是我爬百岳的朋友有卞慶華，我們曾經花了十八個小時單攻百岳，那段難得的體驗徹底拉近我們的距離，進而成為登山好友。另外黃沐妍（小豬）、林靖倫則是我打羽球的好隊友，還有鐵人一哥謝昇諺、名模王心恬、演員鍾承翰、加賀美智久等人，我們即使在工作或生活沒有特別的交

集，但只要接到電話或是見到面，就能夠很自然很開心的聊天，是珍惜彼此友誼的良好關係。

只能說我人緣應該還不錯，雖然有時好像有點孤僻，但雙子座個性讓我很善於社交，所以只要參與活動時的頻率對上了，就可以跟大家成為好朋友。而且透過運動過程，可以快速建立起很好而且健康的友誼，也讓我徹底揮別曾經被勾心鬥角的那些不愉快，運動真的改變了我。若是有機會在登山、打球、潛水時遇到我不要太意外，歡迎來跟我打聲招呼。

LEICA M10
MONOCHROM
28mm
1/4000 sec
f/4.96
IOS 1600

19

你喜歡現在的你嗎？
你如何形容現在的自己？
周遭的環境與人，都是你的鏡子，
可以告訴你答案。

其實你的環境跟朋友就是一面鏡子，反映著這
個階段的你的樣子。

環境絕對會啓動你不同的面向，朋友也是。就
像有些人會特別針對性地惹你，所以共處於有
這個人存在的環境時，自己自然會啓動防禦
心，久而久之當別人打聽你是個什麼樣的人
時，就很容易聽到類似你很容易被惹毛，或是

你很容易被得罪，防禦心很重，要小心一點啊這類的評語！因此我要表達的就是，環境和周圍的人都是一面鏡子，能夠反映出你的面向，這時就要思考，我喜歡這個面向的自己嗎？

因為我有時會因此思考，是不是喜歡現階段的自己？有時當我處於很暴躁、感覺隨時要跟人對戰的狀態時，會透過環境和周圍的人啟動我的面向提醒著自己，其實並不喜歡目前這樣的我；那也表示，這個環境或是這些人都不是對的、不是我喜歡的。

當我處於不同朋友圈的時候，相處的方式也會有所不同，畢竟我是雙子座，面向超級多，其實很擔心會給人一種神經病的感覺（笑）。例如天氣如果一直下雨，再加上工作壓力，我完全呈現低氣壓的狀態，身邊朋友很輕易就能感受到我沒那麼活潑。此時我會檢討為何變得安靜，甚至沒有特別的慾望，後來發現是陰霾的

天氣造成的。因為受不了濕涼天候，每逢梅雨季我都會出國旅行，若遇到陽光普照的一天，我就會特別 High 心情特別好，朋友也會覺得這樣的我相處起來最舒服、最開心。因此我才會思考什麼讓我的面向改變，所以我說環境是一面鏡子，如同天氣也是。

曾有朋友因為工作緣故，心情低落困擾許久，問我是不是該離職呢？我會反問說：「你會如何形容現在的自己？喜歡現在的你嗎？」

通常被我這麼一問，多數人的反應都會稍微一愣，頓時不知道該如何回答。以我來說，我會盡量導正方向，別人覺得的標準不屬於我，因此就算我做到那樣的標準也不會感到快樂。唯有我跟隨內心標準去努力、去爭取去拼的話，就算沒有達成，心裡仍會覺得很踏實，因為我知道每分每秒都花在什麼地方，那絕對不是浪費，全部都是累積。

若老是聽別人說應該怎樣怎樣做才對,但明明不認為是自己擅長的、也不是想做的,一旦嘗試後就會變得很辛苦。如同我們歌手的角色也是,曾有一段時間流行電音,但我就不是電音歌手的類型,之前有一陣子嘻哈也很瘋,我不認為唱嘻哈就能大受歡迎,因此身為一個歌手到底是要迎合市場,還是做回自己?

現在是個美好的年代,因為不論是什麼風格的歌手,都能得到足以發揮的一席之地,作品都有機會被認同、被喜歡、被看見。在九零年代、兩千年之時,所有歌手的包裝都很接近,地下或搖滾樂團很難站上主流市場,有別於現在這個慶祝自己獨特性的年代。如今已經不是主不主流的問題,而是做出自己認為最有力量的歌曲。

我也經歷過流行電音饒舌到現在比較文青的時代,我永遠都在尋找什麼是我認為、我決

定、我喜歡的風格，而非市場喜愛的，因爲對我來說這是最有力量的。比方說我去做電音，大家會認爲我不是這個類型的吧；又或是我改唱饒舌，別人會想說，你想唱饒舌得先抽號碼牌排隊吧。

因爲我知道我自己的音樂是故事、是同理，很多歌詞都是在療癒大眾，告訴大家可以承認自己只是脆弱會犯錯的人，這設定就是眞實的我。我喜歡眞眞實實的活著，我的音樂都是赤裸的，歌詞都是眞實的內心感受，能夠振奮人心的作品。

也因爲我熱愛追夢，才會有〈勢在必行〉、〈心之所往〉，我享受人與人之間的相處，所以音樂多是以情感爲主軸，而不是憤世忌俗或是講道理這種方向，想法都是堅守在我的信念與理念之下，也唯有知道這是我內心深處認可的目標，心之所往才會讓人感覺活得精彩。

Canon EOS R5
105mm
1/2000 sec
f/2.8
IOS 800

20

遇到討厭的人？
不要慌，就給他一個
大大的紅圈圈吧！

我們每天免不了都需要跟別人相處，包括家人
圈、朋友圈、同事圈等，人際關係的經營是生
活日常，也因為這樣的接觸，當中一定有喜歡
的，也有討厭的人。而我們永遠都擺脫不了感
到討厭的對象，為什麼這麼說，因為不喜歡對
方的原因，就是因為他們跟自己有所不同，可
能是價值觀不同、理念不同、想做的事情不一
樣等。總之，就是能夠惹毛自己的人始終都會

存在。

經常有人來問我,該怎麼面對有點討厭的人?
我說:「可以試著給對方一個大大的紅圈!」
紅圈?聽到時的反應大多會有點疑惑,那麼,
我就以好朋友曾經發生的事情為例好了。

有次朋友有點生氣的向我訴苦說,出國旅行的
過程很不開心,讓他好氣好氣。我一問之下才
知道,原來他跟一票朋友計畫去日本旅遊,由
於他很常去日本,對各個地區很熟門熟路,所
以朋友們就把整趟行程交由他負責,像是訂機
票、找飯店、規劃景點與餐廳、安排交通等通
通都是她包辦。結果到了日本之後,同行的一
位朋友,這裡就以 A 朋友來稱呼好了,一直
在抱怨所有的一切,像是嫌棄餐點難吃,或是
說下榻的飯店不好為何不去另一家比較便宜
等等的各種抱怨內容。當下朋友心想,我又不
是你們的媽媽,所有事情都已經是我在做了,
若是有意見為何不在最初討論的時候提出,非

得在旅行中才說，旅遊時一直抱怨真的讓人感到很受傷！朋友因為這次事件之後就決定，以後不想再跟這些朋友一起出國玩了！

結束旅遊回國後，便很生氣的哭著跟我宣洩情緒。我聽完之後，淡定的跟朋友說：「可是你這樣會很虧耶！這種事沒什麼好驚訝的，很普通啊！為何這麼說，首先，只因為 A 朋友的關係，你將會少了一群朋友一起去旅行的機會，畢竟你有花錢，就因為一個人讓你美好的心情毀了不是很不值嗎？而且原本找了很好的餐廳或景點要拍漂亮的網美照，卻由於這樣的經驗而沒有下次的機會真的會虧大了，再加上人生中一定會遇到這樣的人。」
朋友反問我：「那遇到這狀況要怎麼辦啊？」
因為受了罪真的讓他很不好過。

我教了他一個方法，當你遇到這樣的人，請在內心用紅色圈把對方圈起來！

用紅色表示鮮明，圈起來則要「特別處理」，
面對紅圈外的人就以自己舒服的方式相處。所
謂的「特別處理」，並不是要阿諛奉承，也不
是要攻擊對方，更不是向對方築起防衛心的高
牆；而是要告訴自己，我只是跟你不一樣，但
我想要做我自己。所以在遇到對方時，要懂得
更愛與更照顧自己，也保有同理心理解對方之
所以會這樣對自己，純粹是價值觀的差異，不
被對方的價值觀牽著走，或許是對方想省錢、
或許是因爲工作壓力太大導致心情不好等。

我也再次跟朋友說，因爲這樣的人的存在，更
需要捍衛自己眞實的面貌，千萬不要因此變
得越來越不像自己。就像是原本很安靜的人，
因爲公司內的同事大都非常活潑、直來直往，
久而久之爲了融入團體就變得嘻嘻哈哈，甚至
耍寶逗大家開心。因爲被環境影響了，很容易
變成另外一個人，但實際的自己根本不是這樣
的人啊！再比如職場上明明不喜歡耍心機的
人，可是爲了能夠在公司存活下去只好開始跟

大家一起變得狡猾、變得有心機的同類，但內心覺得好累好累，因為不斷的算計以及疑神疑鬼，都已經讓自己變得失去自我了。

朋友聽了之後覺得這方法不錯，因此再遇到 A 朋友時，便替他圈起一個很大很大的紅圈，不再受對方影響，對方的話語也不會刻意當作耳邊風、不會直接對衝、更不會刻意忽略他，而是很自然地做自己。慢慢的，已經不會被對方惹毛，反而相處漸入佳境！甚至 A 朋友有天還來跟我的朋友道歉，表示當時是因為工作太累很想散心才跟大家出遊，但其實身上並沒有太多錢，飯店與餐廳都有點貴，再加上心情不好導致沒胃口，因此衍生出那麼多的抱怨。

最後我朋友很開心的跟我說，這個方法真的很有效，甚至還以大拇指對我比了一個讚！因此，無論何時當遇到有人很ㄎㄧㄤ的時候，不要慌，就給他一個紅圈吧！

Canon EOS 5D
Mark IV
50mm
1/250 sec
f/10
IOS 100

21

擁有紀律的人生不是偏執，
而是放飛自我的開始。

問個問題，在吃雞腿便當時，你會先吃配菜，
還是先吃雞腿？若是我，會選擇先吃掉比較不
喜歡的白飯跟菜；這是為了可以在最後好好享
用最愛的雞腿，並且留下美好的味覺記憶，所
以寧可選擇先吃掉較不愛的食物。

就如同日常生活也是一樣，已經習慣先把不喜
歡的事情或是最麻煩的事情處理完，再開始面

對之後的行程，處於沒有心理壓力的狀態下，自然心情也跟著舒暢開闊！

所以每天一早睡醒之後，我會先解決比較麻煩或繁瑣的事物；例如要回覆很多工作相關的訊息與郵件。因為只要把這些瑣碎、容易讓人焦慮的事情處理完畢，便不會一直覺得有事情沒做完、老是擱放在心上覺得卡卡的。一旦解決了耗費傷神的事情，我可以神清氣爽的迎接今日，不再需要為其煩惱，心情也會變得非常自由，這樣不是很好嗎！

不僅是如此，從一些日常習慣，也能看出我其實很在意生活的規律。除了剛剛提及的，一早起床會處理所有較為繁瑣的工作之外，我家也不會有堆積的垃圾，十分重視每天「維持」家中的清潔，在第一時間即解決所有的垃圾。而且只要喝完飲料會馬上把杯子拿去洗，或是立刻把飲料瓶丟掉；因為我一直都認為，從小細

節養成好習慣之後，就是放飛自己自由。若是
經常性置之不理，長時間下來將越堆越多，就
像衣服一直不洗，隨著一天天過去越堆越多，
久了根本懶得洗，造成心理很大的壓力。如果
能夠定時定量清理，就不會一件件衣服慢慢累
積成一座山，而我也可以自由地進行每天的行
程、生活的更自在舒服。

我很重視「維持」家裡的環境，而非打掃，只
要東西使用完就會清洗或是歸位，因爲打掃之
後的樣子並不是眞正的自己，只是在應付表面
罷了。我發現在睡前與出門前這兩個時間點整
理家裡，是感受家裡環境最深刻的時候；如果
下班後回到家看到凌亂的景象，心情實在是很
難好到哪裡去，所以我習慣在這兩個時段整理
家裡，也可以說是維持家中環境，好讓我整天
都可以好好享受宛如居家雜誌內刊登的照片
一般舒適與整齊。

有時會聽到朋友說，很嚮往居家雜誌裡漂亮的家，或是在 Pinterest 看一些漂亮的居家佈置照片，這時我會問說那為何不改變？往往朋友總因為猶豫或平常沒有好好維持家中環境，而仍在原地打轉沒有調整與改變，依舊只能滑滑網路照片過過乾癮。我始終認為，家是自己內心的寫照，環境就是內心鏡面的反射，若有想要嘗試買個什麼或是想要改變什麼家中的佈置，也正表示在導正自己往過得好的方向前進。當然不是希望一定要擁有幾房幾廳的家，或是要擁有多昂貴的傢俱等，現在購物變得相當方便，只要上網就能購買到價格合理又好看的傢飾，感覺對了就買，慢慢的就會找到樂趣。

另外睡醒之後，還有一個對我來說很重要的儀式，就是一定會喝水芹汁，先洗果菜機然後將一把水芹放入打成汁，不到一分鐘時間內喝完，之後再馬上洗果菜機與清洗水槽，維持乾淨的廚房環境，這個習慣日復一日從沒有間

斷。而睡前我也會把廚房環境擦拭乾淨、洗手槽的碗盤整理乾淨，這樣就能舒服無壓力的享受我的睡眠。

生活中無所不在的細節，對我來說也是種快樂來源。面對這些事情能讓自己知道，如何能夠過得更快樂，因為寵愛自己就是給自己喜歡的東西，若是沒有，就是對自己不夠好。

所以我願意為了讓自己開心而持續付出，就像前陣子，想像了家中空間陳設應該長怎樣，希望能打造更開闊的居住環境，而花了一個多星期把家中的物品斷捨離，佈置成一個更開闊、更舒服的家。

在外界看來或許會覺得這些習慣有點偏執，但我知道，其實我過得很好。所以我說，規律其實不是嚴苛，規律是放飛自我的開始。

經常有人問說，既然生活如此規律，應該很會斷捨離？我只能回答，現在的我，的確很會了！最近發現懂得斷捨離之後，花得錢變得越來越少，因爲以前我面對喜歡的東西，若挑不出特別喜歡的顏色，會選擇包色購買。雖然現在偶爾還是會這樣，但已經能夠好好想清楚每樣東西的功用，例如有沒有空間置放、哪種最百搭、哪個最喜歡等之類的思考題。當產生這些念頭之後，久了自然養成習慣，購物不再衝動，反而是懂得思考。

我分享一個自認還不錯的斷捨離方式，如果不知道哪些該丟棄，建議可以把或許不需要的物品先裝箱三個月，假使這段期間都沒有去動到它，就馬上丟掉或回收。當然我現在越來越能精準判斷哪些該丟該留，有了這樣的動機，慢慢的就不需要克制自己的購買慾，反而越來越能夠享受使用的樂趣。因爲光是擁有而沒用，其實並不是擁有，我們要更懂得欣賞每樣東西

的真正價值而非價錢。這樣的想法同樣也能夠複製在人際關係上的解讀，有些朋友不需要過於糾結，適時的斷捨離是必要的。

LEICA M10
MONOCHROM
28mm
1/750 sec
f/4.96
IOS 320

22

無論外面發生多少風風雨雨，
毛小孩永遠不會嫌棄你。

若有追蹤我的 Facebook 或 Instagram，會發現
我在 2020 年起養了兩隻柴犬。

因為很喜歡狗，之前在馬來西亞吉隆坡的家中
養了兩隻雪納瑞，直到我要來台北發展，只好
不捨得讓牠們一直住在寵物旅館。我後來因為
工作的關係無法長時間陪伴牠們，剛好寵物旅
館的人非常喜歡我的狗，說很像店裡的吉祥

物，他們願意接手照顧牠們，因此才割愛給旅館飼養。

在台北住了快十年之後，很想再養狗的想法沒有改變，只是苦無適當的機會。當 2020 年全球爆發疫情，大家必須減少群聚、盡量居家之時，我心想這時或許是養狗的時機，可以將工作方面的注意力轉移到養狗這件事，也有充裕時間訓練與保護牠們。雖然我很喜歡像是巨型貴賓狗、聖伯納犬、薩摩耶犬那樣的大型犬，但考量到台北房子坪數比較小，因此最後選定飼養柴犬，介於大狗與小型狗之間的適中體型。

起初只養了一隻赤色的柴犬，但只有一隻似乎感覺有點孤單以及我有很多東西都希望保有一對的小堅持（笑），沒多久又再養一隻黑色的柴犬。因爲在馬來西亞有養狗經驗，了解很多生活上的訓練需要從小開始教育，所以柴犬

一來我家之後，我不僅會訓練也會陪玩。牠們有各自的籠子，那是專屬於牠們的世界，所以睡覺、吃飯、上廁所時都會在籠子內，我只有在清理時才會觸碰籠子，因為那是牠們的專屬空間，是擁有安全感的地方。

每當牠們做錯事被罵或是聽到鞭炮聲，感到不安時會迅速奔跑回籠子尋找牠們的安全感，不會覺得那是被關起來，而是那邊就是牠的家。也因此當在籠子外面時就是玩耍的時間，會盡情開心的跑來跑去、玩玩具，也會叼玩具給人互動玩耍，當玩累了就會自動回籠子。到了睡覺時間會給足牠們儀式感，我會關燈後開啟牠們的小夜燈，讓牠們理解現在該休息了。這樣的訓練讓牠們分得很清楚界線在哪，也清楚知道離開籠子就是可以跟人相處的時候，我們互相尊重。

許多朋友來我家玩時，看到我的狗不會神經質

的亂吠、不會亂咬東西也不會瘋狂奔跑，還會自己回籠子定點大小便時，都會驚訝不已，是因為有良好教育啊！牠們會複製主人的個性，我們的品性很容易會傳承給牠們，小時候當然也會咬傢俱，但只要引導改玩玩具，增加與人的互動，久了牠們自然理解到咬傢俱是不可行的。我家的兩隻柴犬過得很好也很快樂，就像我說過的，紀律是放飛自我的開始（笑），連家中毛小孩也是喔。

狗狗是我的家人，牠們不僅能療癒人心，同時也軟化我的心，能夠感受到我們的情緒，同時還教會我柔軟。就最近的事來說，我在家看電影時因為劇情過於悲傷，當下心情瞬間很低落感覺都快哭了，這樣的情緒似乎讓我家的狗狗感受到了悲傷，馬上靠過來我身邊拍拍我，那瞬間，我真的徹底被溫暖到了。而且不只是對我而已，有次朋友因為心情不好來我家聊天，結果不小心在客廳睡著了，我家兩隻柴犬也窩

在朋友身邊一起午睡，似乎也感受到朋友低落
的心情，看到這畫面真的讓人覺得好窩心。

雖然我們現在置身在難以掌控的疫情時代，但
真的很感謝家中兩隻柴犬能夠來到我家，一起
當我可愛的家人。

LEICA Q2
MONOCHROM
28mm
1/1600 sec
f/4.5
IOS 200

23

謝謝誹謗記事本、快樂記事本，
透過思考與寫下，
練習找回內心應有的感受。

我是靠自己擺脫憂鬱症，因此很重視該如何找
到真正的快樂，重視我的自由、我的快樂、以
及我可以感受到什麼，不想要追求很虛無、很
空的事物，就像很多人沒看過內容卻僅憑藉著
書名就衝動購買，只是因為切中了自己內心深
處的某些感受。

但其實你的快樂與在尋找的答案，都不在書裡

面，因為一直不曉得自己究竟要什麼才容易導致不開心。所以真正需要的是，先找回內心的真實感受，同時懂得接收別人的讚美、學習先享受成果，才有動力走往下一步。

我乒乓球其實打的還不錯，因此經常會有人稱讚我乒乓球怎麼那麼厲害！若是多數人遇到這樣的稱讚，通常會禮貌性的說沒有啦、過獎了之類的回應，不太敢承認擁有不錯的球技，但其實應該要懂得適時接收別人的讚美；因為那些都是你認真努力過後應該得到的回報。

禮貌、謙虛都是從小被教育的基本禮儀，也因為這樣，對於許多別人的讚美往往第一時間的反應就是沒有發自內心的接受，久而久之，似乎自己正默默的失去享受成果的能力。很可能拒絕接受讚美久了之後，會被整個社會洗腦而覺得自己做得還不夠好，反而喪失了對自己的自信與快樂。所以，為了避免這樣的情形

發生，我們其實更要懂得接受別人對自己的稱
讚。

要對自己說，即使是再小的目標，都應該要好
好享受掌聲、品味成果，敞開內心接受每個讚
美，將讓自己更具有自信心。好好把自己的基
底建立完成之後，才會讓人有繼續往下走的強
大動力。因為心裡有了好的信念，你才有力量
穩定自己，成為更好的自己。

就以我自己為例，我有很多本「謝謝記事
本」，最初第一本的誕生，是在我得了憂鬱症
的時候，覺得人生怎麼那麼差，為了讓自己練
習也提醒自己多發現人生並不是那麼糟的狀
態，因此我開始有了第一本謝謝記事本，記錄
身邊好的人事物。

記事本最初開始撰寫的內容，其實都寫得很虛
無縹緲，像是謝謝地心引力、謝謝空氣、謝

謝太陽今天依舊上升、謝謝我能喝到乾淨的水……這類看起來就很假掰的文字，好像還沒感覺到有任何實質的幫助。但之後哪怕有人跟我講了一句很窩心的話，或開車轉彎時有人禮讓了我，每天一點點的小事累積下來之後，我發現撰寫下來的感謝內容越來越多，我的大腦逐漸熟悉了這樣的想法與感覺，大腦的偏好從憂鬱轉向感謝與幸運，不再只是專注在很倒霉的事情。

因此我扭轉了大腦的判斷，之後許多事情瞬間都讓我覺得很美好，像是謝謝我今天工作沒有遲到也沒有遇到塞車、甚至還馬上找到停車位，謝謝我的狗不在客廳大便了……

除了謝謝，我還有「快樂記事本」。因為迷惘的時候，最好的方式就是寫下來，用俯視的角度容易看得更清楚事情的面向。通常要一般人檢視今天是否快樂，不外乎有兩種方式，第一

就是今天最後一件事是什麼，第二種就是今天
快樂的時間比例是多少，我通常都選用第二個
方式。寫著今天很開心某人送了我一支冰棒好
好吃、很開心今天的運動訓練有人發現我有進
步……寫著寫著有助於我練習懂得去發現小
細節、認同小細節，只要有寫下這個動作的練
習，思想自然就會判斷感覺是否是快樂的，漸
漸的會主動記得快樂的事情，久了更是不需要
寫下來，因為已經養成主動接受快樂的事物。

這些都是讓我可以靠自己的力量走出憂鬱的
方式，也是讓我即使在面對各種挑戰時，仍堅
持做自己想做的方向、相信自己的聽眾。我想
與大家分享我一路走來所學過的練習，希望能
夠一起感受謝謝與快樂的美好。

你值得擁有一切你想要的

Chapter III

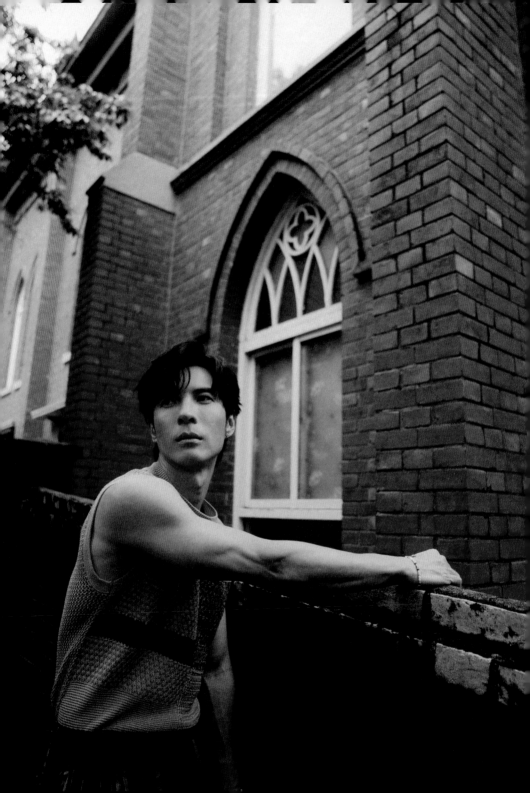

你
值
得
擁
有
一
切
你
想
要
的

C h a p t e r III

你
值
得
擁
有
一
切
你
想
要
的

後　記

願你在面對問題時勇敢，遇到挫折時堅強

因為你知道，你喜歡現在的自己

還有，你值得擁有一切你想要的

國家圖書館出版品預行編目 (CIP) 資料

你值得擁有一切你想要的 / 陳勢安著 . -- 初版 . -- 臺北市 : 大塊文化出版股份有限公司 , 2022.06
面 ;　公分　ISBN 978-626-7118-47-4(平裝)　1.CST: 自我實現 2.CST: 自我肯定 3.CST: 成功法　177.2　111006460

LOCUS

LOCUS

LOCUS